Impressum
Verlag: BABADADA GmbH, Nedderfeld 112 , 22529 Hamburg
Geschäftsführer / Verlagsleitung: Harald Hof
Druck: Books on Demand GmbH, In de Tarpen 42, 22848 Norderstedt

Imprint
Publisher: BABADADA GmbH, Nedderfeld 112 , 22529 Hamburg, Germany
Managing Director / Publishing direction: Harald Hof
Print: Books on Demand GmbH, In de Tarpen 42, 22848 Norderstedt

escola
colegio

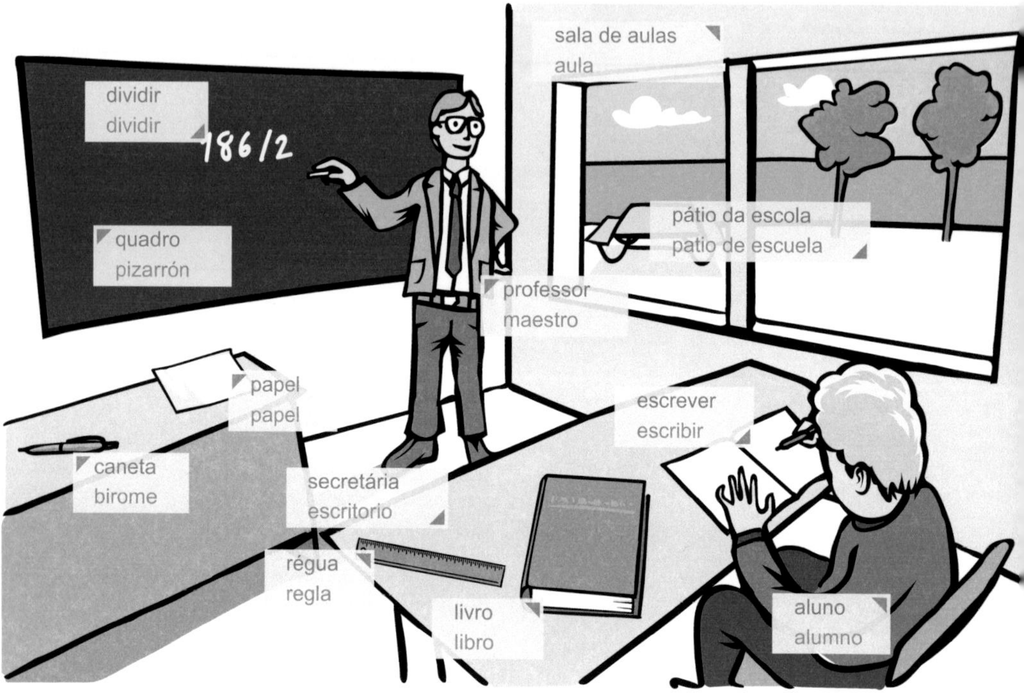

sala de aulas
aula
dividir
dividir
186/2
quadro
pizarrón
pátio da escola
patio de escuela
professor
maestro
papel
papel
escrever
escribir
caneta
birome
secretária
escritorio
régua
regla
livro
libro
aluno
alumno

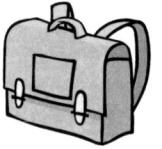

mochila

mochila

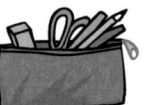

estojo de lápis

caja de lápices

lápis

lápiz

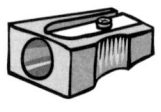

afia-lápis

sacapuntas

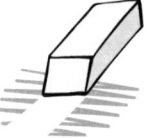

borracha

goma (de borrar)

bloco de desenho

bloc de dibujo

desenho

dibujo

pincel

pincel

caixa de tintas

caja de pinturas

tesoura

tijera

cola

pegamento

livro de exercícios

cuaderno de ejercicios

trabalhos de casa

tarea

número

número

somar

sumar

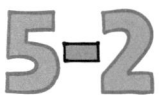

subtrair

restar

multiplicar

multiplicar

calcular

calcular

letra

letra

alfabeto

abecedario

palavra

palabra

texto

texto

ler

leer

giz

tiza

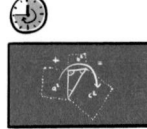

hora

lección

registo de presenças

cuaderno de clase

exame

examen

certificado

certificado

uniforme escolar

uniforme escolar

educação

educación

enciclopédia

enciclopedia

universidade

universidad

microscópio

microscopio

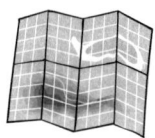

mapa

mapa

cesto de lixo

tacho (de basura)

viagem

viaje

hotel
hotel
Grand
hostel
hostel
ROOMS
casa de câmbio
casa de cambio
mala
valija
carro
auto

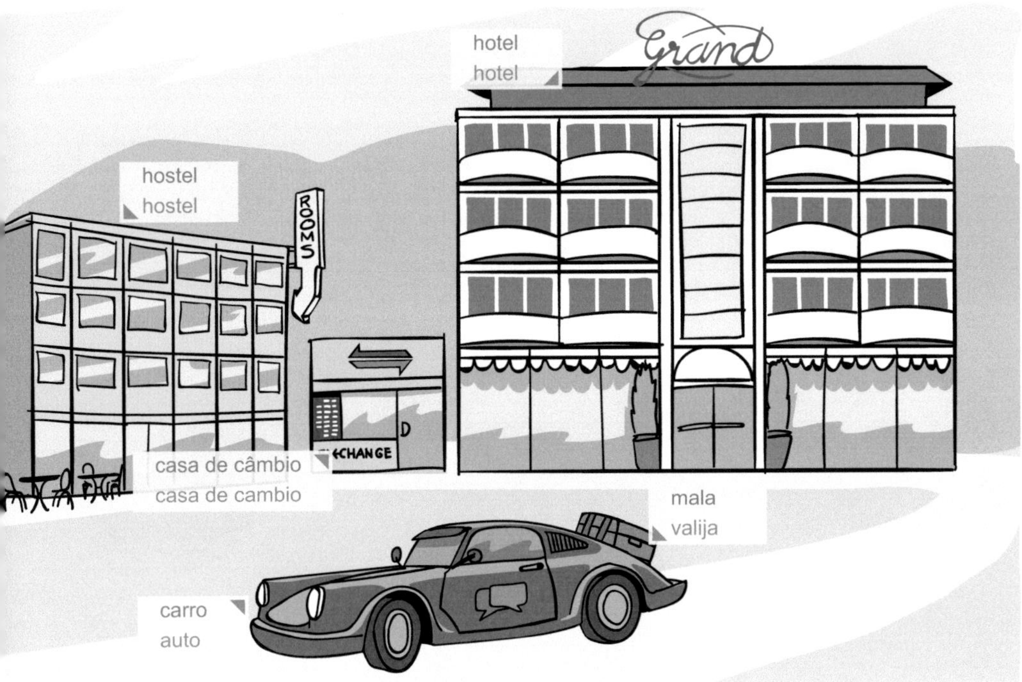

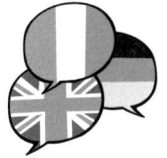

idioma

idioma

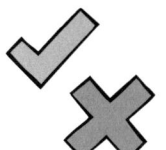

sim / não

sí / no

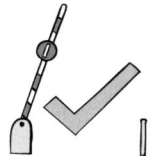

ok / certo / correto

Está bien

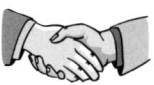

olá

hola

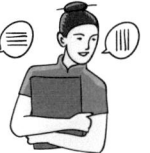

intérprete

traductor

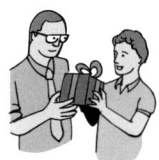

obrigado

Gracias

quanto é que custa... ?

¿cuánto cuesta…?

não entendo

No entiendo

problema

problema

boa noite!

¡Buenas tardes!

Bom dia!

¡Buenos días!

Boa noite!

¡Buenas noches!

adeus

adiós

direção

dirección

bagagem

equipaje

saco

bolso

mochila

mochila

convidado

invitado

quarto

habitación

saco-cama

bolsa de dormir

tenda

carpa

informação turística

información turística

praia

playa

cartão de crédito

tarjeta de crédito

pequeno-almoço

desayuno

almoço

almuerzo

jantar

cena

bilhete

pasaje

elevador

ascensor

selo postal

sello

fronteira

frontera

alfândega

aduana

embaixada

embajada

visto

visa

passaporte

pasaporte

transporte
transporte

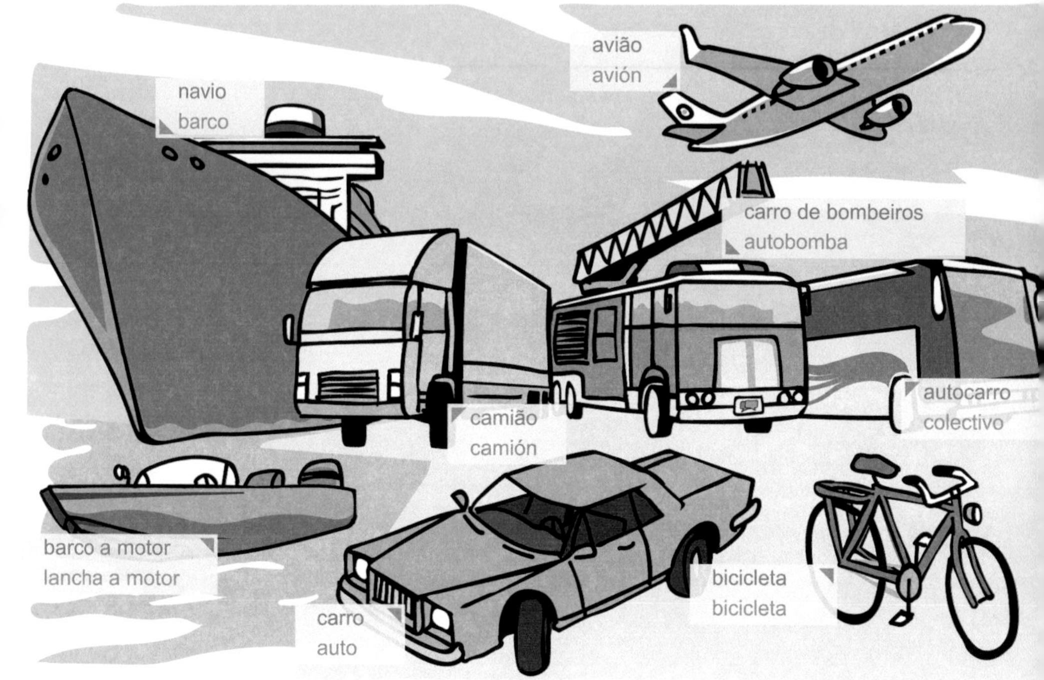

avião
avión
navio
barco
carro de bombeiros
autobomba
autocarro
colectivo
camião
camión
barco a motor
lancha a motor
bicicleta
bicicleta
carro
auto

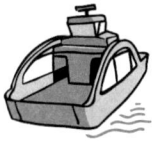

cacilheiro

ferry

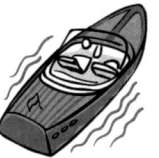

barco

bote

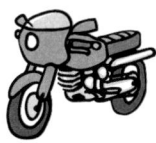

mota

moto

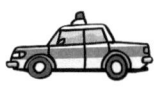

carro de polícia

patrullero

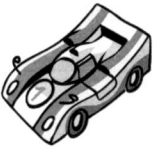

carro de corrida

auto de carreras

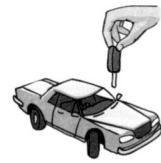

carro alugado

auto de alquiler

carsharing

alquiler de autos

camião de reboque

grúa

camião do lixo

camión de basura

motor

motor

combustível

nafta

estação de serviço

estación de servicio

sinal de trânsito

señal de tránsito

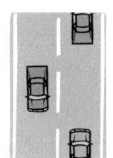

trânsito

tránsito

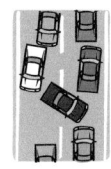

congestionamento de trânsito

embotellamiento

parque de estacionamento

estacionamiento

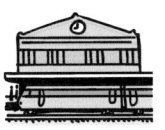

estação ferroviária

estación de tren

carris

vías

comboio

tren

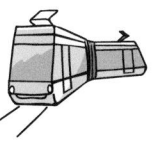

elétrico

tranvía

carruagem

vagón

helicóptero
helicóptero

aeroporto
aeropuerto

torre
torre

passageiro
pasajero

contentor
contenedor

caixa de papelão
caja de cartón

carrinho
carretilla

cesto
canasta

levantar voo / aterrar
despegar / aterrizar

cidade
ciudad

aldeia
pueblo

centro da cidade
centro de ciudad

casa
casa

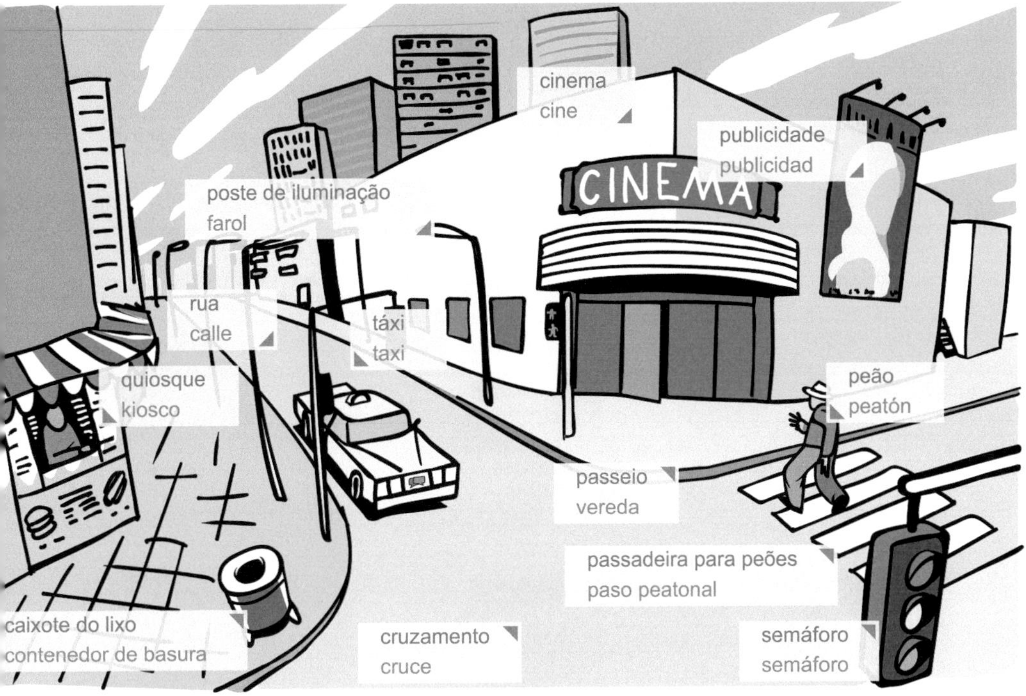

cinema
cine
publicidade
publicidad
CINEMA
poste de iluminação
farol
rua
calle
táxi
taxi
quiosque
kiosco
peão
peatón
passeio
vereda
passadeira para peões
paso peatonal
caixote do lixo
contenedor de basura
cruzamento
cruce
semáforo
semáforo

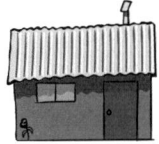

cabana

cabaña

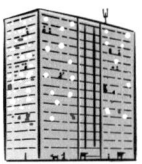

apartamento

departamento

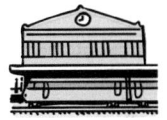

estação ferroviária

estación de tren

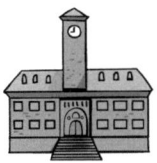

câmara municipal

municipalidad

MUSEUM

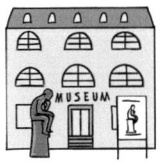

museu

museo

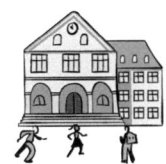

escola

colegio

universidade

universidad

banco

banco

hospital

hospital

hotel

hotel

farmácia

farmacia

escritório

oficina

livraria

librería

loja

negocio

florista

florería

supermercado

supermercado

mercado

mercado

loja de departamentos

grandes tiendas

peixaria

pescadería

centro comercial

centro comercial

porto

puerto

parque
parque

banco
banco

ponte
puente

escadas
escaleras

metro
subte

túnel
túnel

paragem de autocarro
parada del colectivo

bar
bar

restaurante
restaurante

caixa de correio
buzón

sinal de trânsito
letrero

parquímetro
parquímetro

jardim zoológico
zoológico

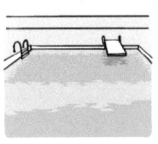

piscina
pileta

mesquita
mezquita

quinta
granja

poluição
contaminación

cemitério
cementerio

igreja
iglesia

parque infantil
juegos infantiles

templo
templo

paisagem
paisaje

folha
hoja

placa de sinalização
poste indicador

caminho
camino

prado
pradera

pedra
piedra

árvore
árbol

caminhantes
excursionista

rio
río

relva
hierba

flor
flor

vale

valle

montanha

montaña

lago

lago

floresta

bosque

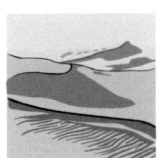

deserto

desierto

vulcão

volcán

castelo

castillo

arco-íris

arco iris

cogumelo

champiñón

palma

palmera

mosquito

mosquito

mosca

mosca

formiga

hormiga

abelha

abeja

aranha

araña

besouro

escarabajo

sapo

rana

esquilo

ardilla

ouriço

erizo

lebre

liebre

coruja

lechuza

pássaro

pájaro

cisne

cisne

javali

jabalí

veado

ciervo

alce

alce

barragem

presa

turbina eólica

aerogenerador

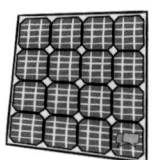

painel solar

panel solar

clima

clima

restaurante
restaurante

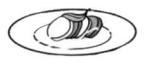

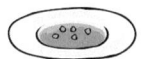

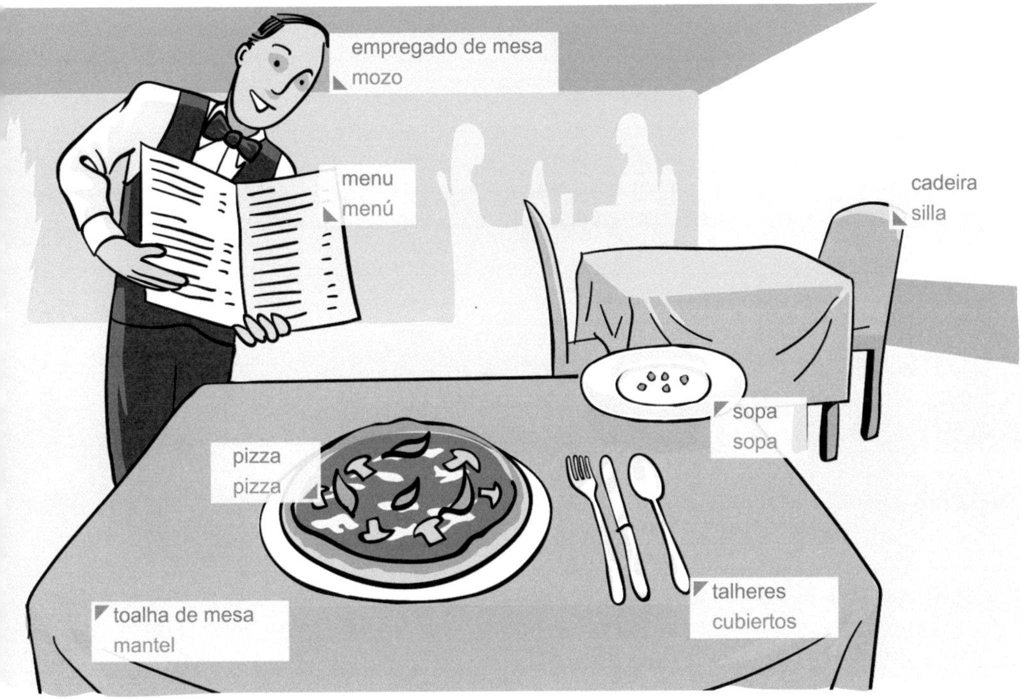
empregado de mesa
mozo
menu
menú
cadeira
silla
sopa
sopa
pizza
pizza
talheres
cubiertos
toalha de mesa
mantel

entrada

entrada

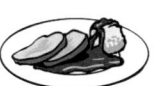

prato principal

plato principal

sobremesa

postre

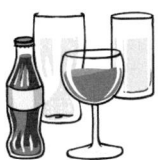

bebidas

bebidas

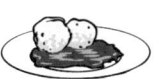

comida

comida

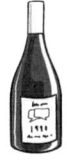

garrafa

botella

fast food

comida rápida

comida de rua

comida callejera

bule de chá

tetera

açucareiro

azucarera

porção

porción

máquina de café expresso

cafetera expreso

cadeira alta

sillita alta

conta

cuenta

bandeja

bandeja

faca

cuchillo

garfo

tenedor

colher

cuchara

colher de chá

cucharita

guardanapo

servilleta

copo

vaso

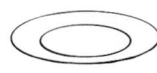

prato

plato

prato de sopa

plato hondo

pires

plato

molho

salsa

saleiro

salero

moinho de pimenta

molinillo de pimienta

vinagre

vinagre

óleo

aceite

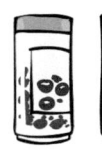

especiarias

especias

ketchup

kétchup

mostarda

mostaza

maionese

mayonesa

supermercado
supermercado

oferta especial
oferta especial
cliente
cliente
laticínios
lácteos
fruta
fruta
carrinho de compras
changuito
FOR

BUTCHERS

talho
carnicería

BAKERY

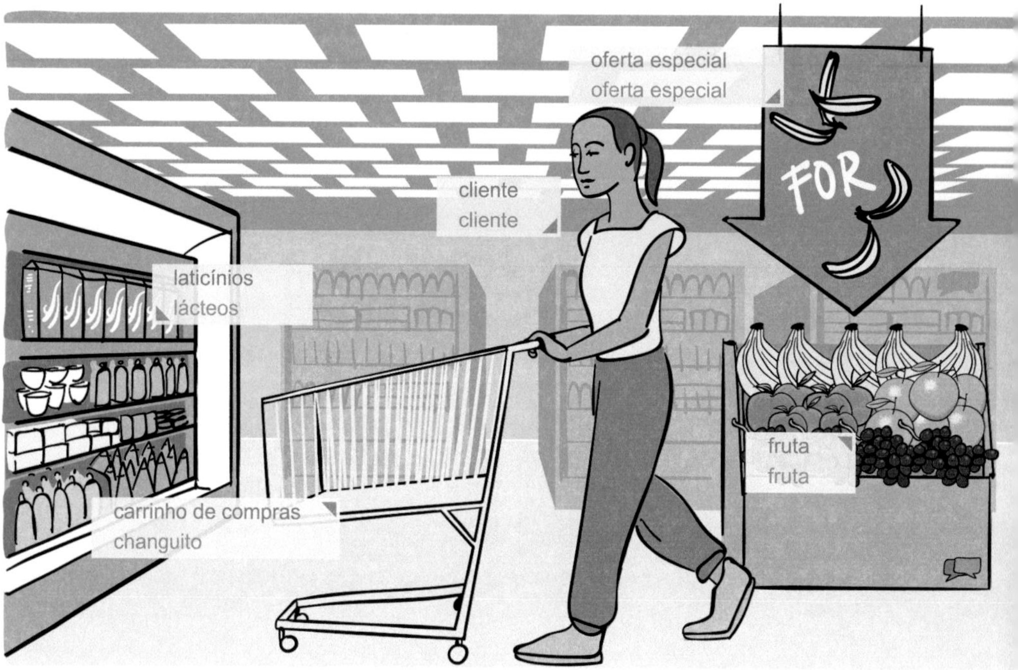

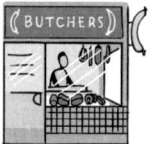

padaria
panadería

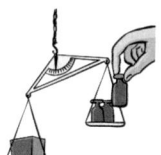

pesar
pesar

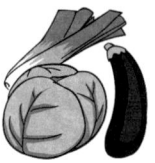

vegetais
verduras

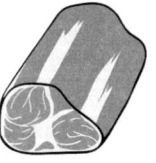

carne
carne

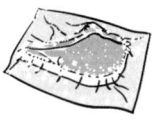

alimentos congelados
alimentos congelados

charcutaria

fiambres

comida enlatada

alimentos enlatados

detergente em pó

detergente en polvo

doces

golosinas

artigos domésticos

electrodomésticos

produtos de limpeza

productos de limpieza

vendedora

vendedora

caixa

caja

caixa

cajero

lista de compras

lista de compras

horário de funcionamento

horario de atención

carteira

billetera

cartão de crédito

tarjeta de crédito

saco

cartera

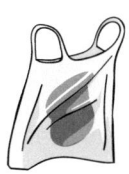

saco de plástico

bolsa de plástico

água
agua

sumo
jugo

leite
leche

coca-cola
bebida cola

vinho
vino

cerveja
cerveza

álcool
alcohol

cacau
cacao

chá
té

café
café

café expresso
café expreso

capuccino
cappuccino

banana

banana

maçã

manzana

laranja

naranja

melão

melón

limão

limón

cenoura

zanahoria

alho

ajo

bambu

bambú

cebola

cebolla

cogumelo

champiñón

nozes

nueces

talharim

fideos

esparguete

tallarines

arroz

arroz

salada

ensalada

batatas fritas

papas fritas

batatas fritas

papas fritas

pizza

pizza

hambúrguer

hamburguesa

sanduíche

sándwich

bife panado

churrasco

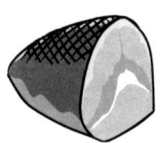

fiambre

jamón

salame

salame

salsicha

salchicha

galinha

pollo

assado

asado

peixe

pescado

flocos de aveia

copos de avena

muesli

muesli

flocos de milho

copos de maíz

farinha

harina

croissant

medialuna

carcaça (pãozinho)

pancito

pão

pan

torrada

tostada

biscoitos

galletitas

manteiga

manteca

requeijão

cuajada

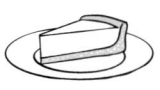

bolo

torta

ovo

huevo

ovo estrelado

huevo frito

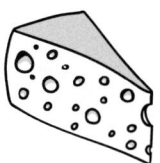

queijo

queso

gelado

helado

açúcar

azúcar

mel

miel

compota

mermelada

creme de nougat

pasta de chocolate

caril

curry

comida - comida

quinta
granja

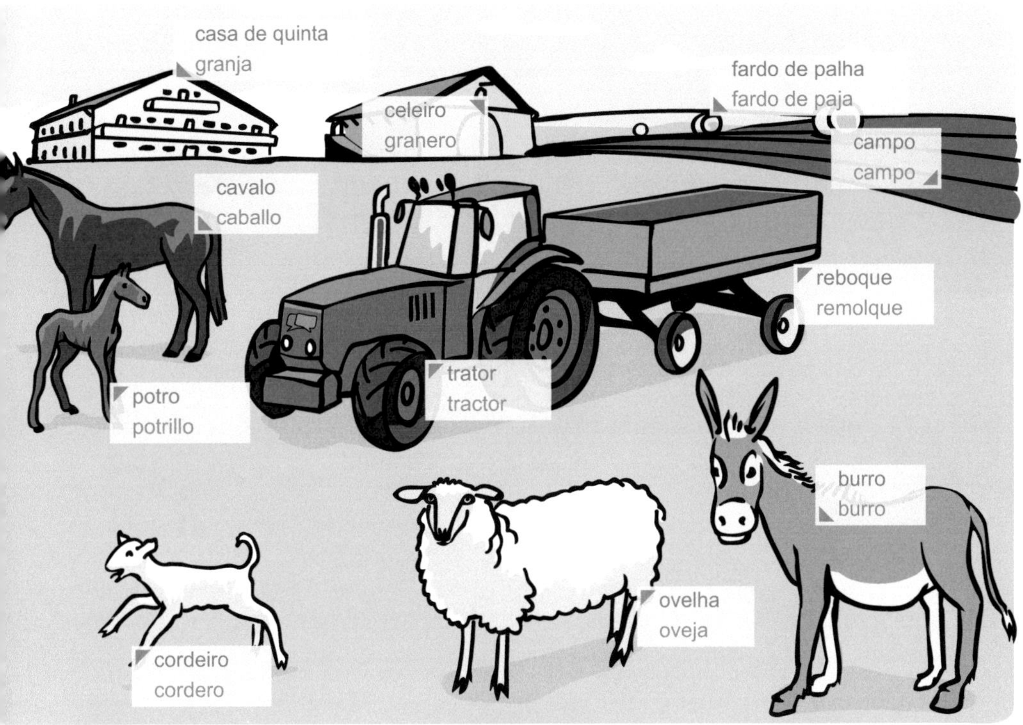
casa de quinta
granja
celeiro
granero
fardo de palha
fardo de paja
campo
campo
cavalo
caballo
reboque
remolque
potro
potrillo
trator
tractor
burro
burro
ovelha
oveja
cordeiro
cordero

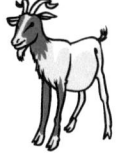

cabra

cabra

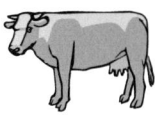

vaca

vaca

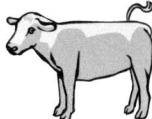

bezerro

ternero

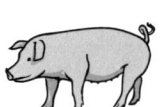

porco

cerdo

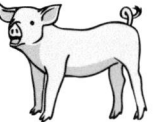

leitão

lechón

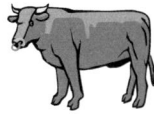

touro

toro

ganso

ganso

pato

pato

pintaínho

pollo

galinha

gallina

galo

gallo

ratazana

rata

gato

gato

rato

ratón

boi

buey

cão

perro

casota

cucha

mangueira de jardim

manguera

regador

regadera

foice

guadaña

arado

arado

foice
hoz

enxada
azada

forquilha
horquilla

machado
hacha

carrinho de mão
carretilla

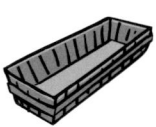

manjedoura
abrevadero

jarro de leite
lechera

saco
bolsa

cerca
reja

estábulo
establo

estufa
invernadero

solo
suelo

semente
semilla

fertilizante
fertilizador

ceifeira-debulhadora
cosechadora

colher
cosechar

colheita
cosecha

inhame
batatas

trigo
trigo

soja
soja

batata
papa

milho
maíz

colza
semilla de colza

árvore de fruto
árbol frutal

mandioca
mandioca

cereais
cereales

casa
casa

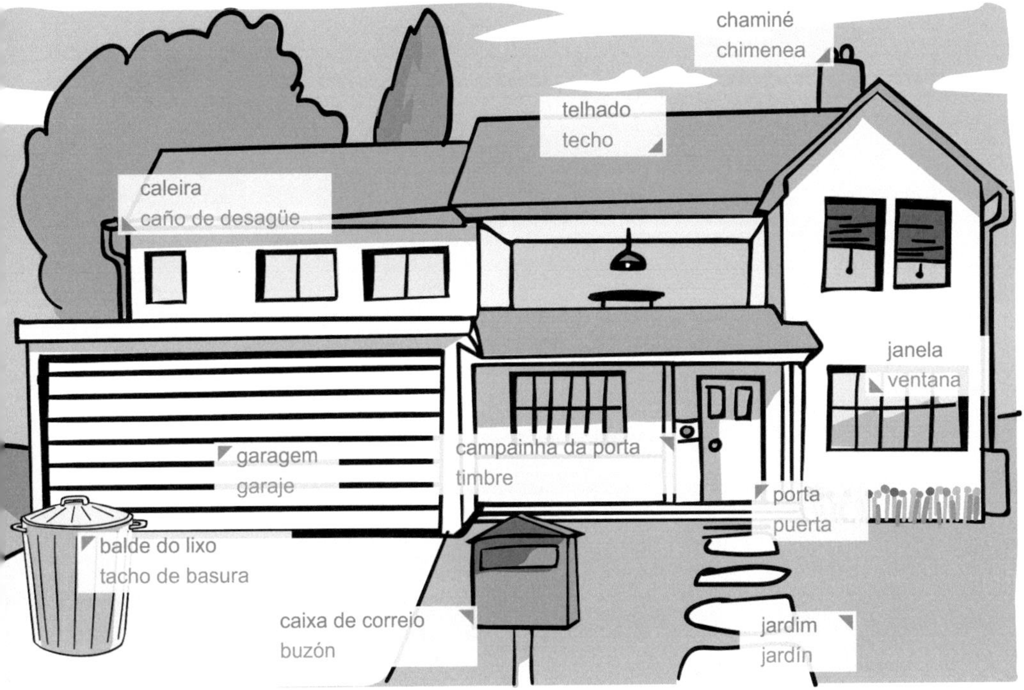
chaminé
chimenea
telhado
techo
caleira
caño de desagüe
janela
ventana
garagem
garaje
campainha da porta
timbre
porta
puerta
balde do lixo
tacho de basura
caixa de correio
buzón
jardim
jardín

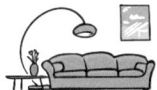

sala de estar

living

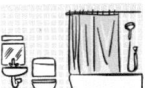

casa de banho

baño

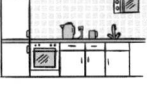

cozinha

cocina

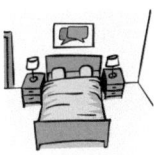

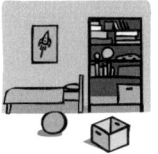

quarto de dormir

dormitorio

quarto de criança

cuarto de los chicos

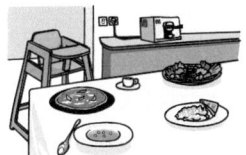

sala de jantar

comedor

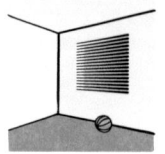

chão

piso

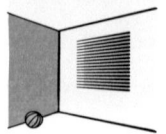

parede

pared

teto

cielorraso

cave

sótano

sauna

sauna

varanda

balcón

terraço

terraza

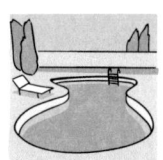

piscina

pileta

máquina de cortar relvado

cortadora de pasto

lençol

sábana

cobertor

acolchado

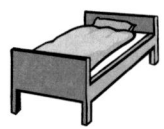

cama

cama

vassoura

escoba

balde

balde

interruptor

interruptor

sala de estar
living

papel de parede
empapelado
imagem
imagen
lâmpada
lámpara
prateleira
estante
armário
armario
televisão
televisión
lareira
chimenea
flor
flor
almofada
almohadón
sofá
sofá
vaso
florero
controlo remoto
control remoto

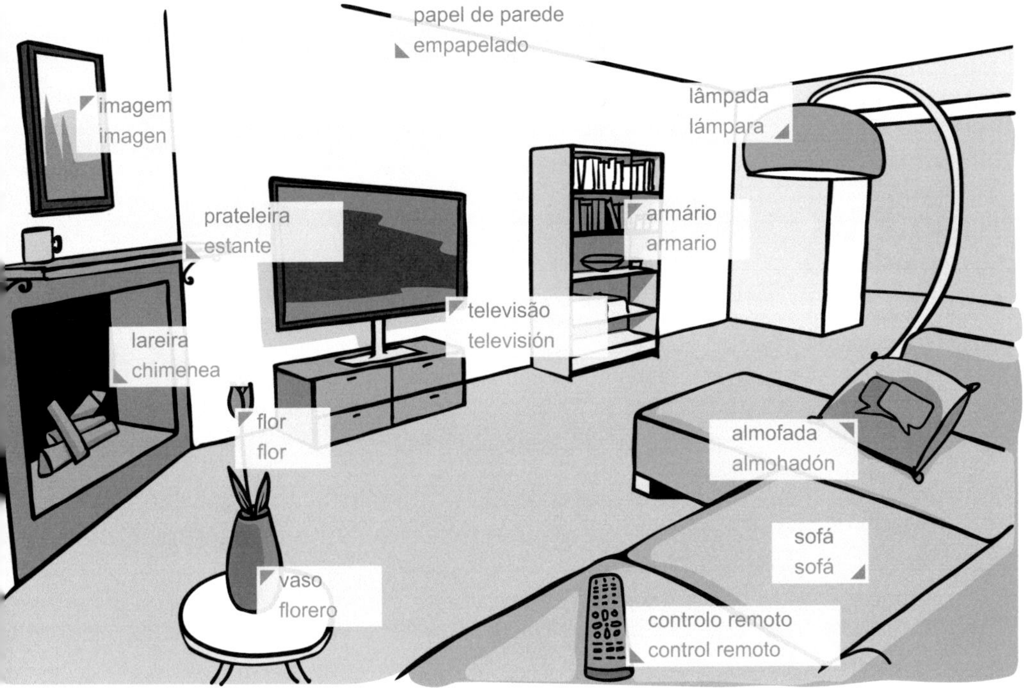

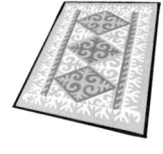

tapete
alfombra

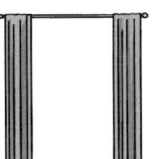

cortina
cortina

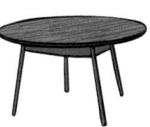

mesa
mesa

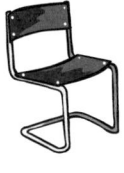

cadeira
silla

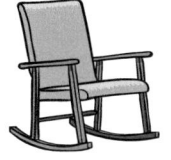

cadeira de baloiço
mecedora

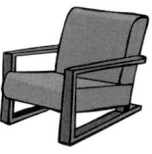

poltrona
sillón

livro
libro

cobertor
frazada

decoração
decoración

lenha
leña

filme
película

sistema estéreo
equipo de música

chave
llave

jornal
diario

pintura
pintura

póster
póster

rádio
radio

bloco de notas
cuaderno

aspirador
aspiradora

cato
cactus

vela
vela

cozinha
cocina

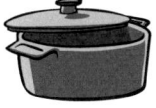

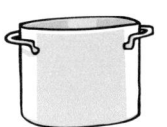

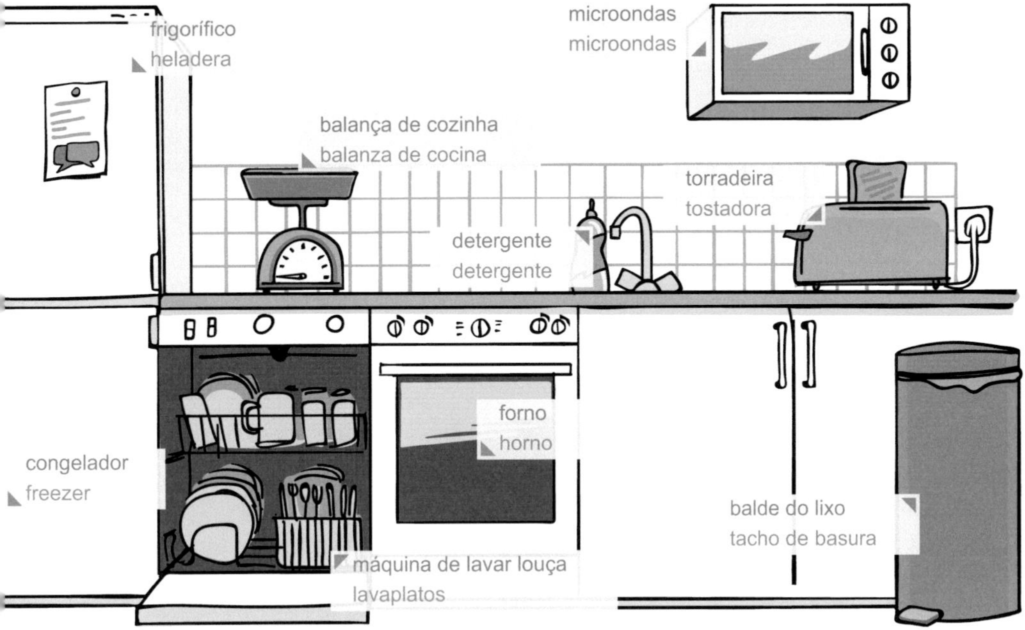

frigorífico
heladera
microondas
microondas
balança de cozinha
balanza de cocina
torradeira
tostadora
detergente
detergente
forno
horno
congelador
freezer
balde do lixo
tacho de basura
máquina de lavar louça
lavaplatos

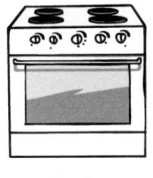

fogão

cocina

panela

olla

panela de ferro

olla de hierro fundido

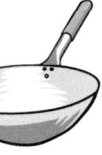

wok / kadai

wok

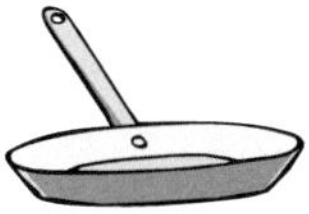

frigideira

sartén

chaleira

pava

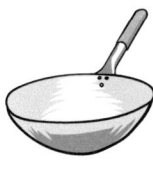

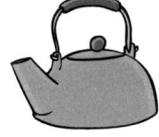

panela a vapor

vaporera

tabuleiro de forno

bandeja de horno

louça

vajilla

caneca

taza

tigela

bol

pauzinhos

palitos

concha de sopa

cucharón

espátula

estpátula

batedor de claras

batidora

escorredor

colador

peneira

colador

ralador

rallador

almofariz

mortero

churrasqueira

parrilla

lareira

fogata

tábua de cortar

tabla de picar

rolo da massa

palo de amasar

saca-rolhas

sacacorchos

lata

lata

abridor de latas

abrelatas

luvas de forno

manopla

lava-loiça

pileta

escova

cepillo

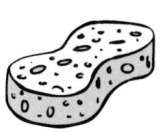

esponja

esponja

liquidificador

batidora

arca frigorífica

congelador

biberão

mamadera

torneira

canilla

casa de banho
baño

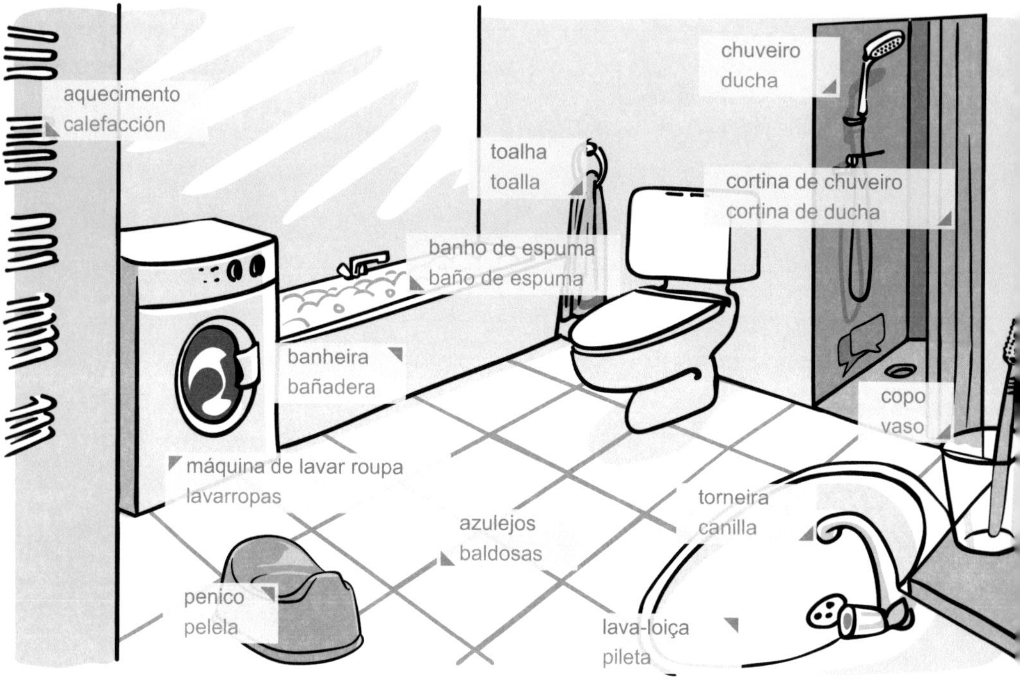

aquecimento
calefacción

chuveiro
ducha

toalha
toalla

cortina de chuveiro
cortina de ducha

banho de espuma
baño de espuma

banheira
bañadera

máquina de lavar roupa
lavarropas

copo
vaso

azulejos
baldosas

torneira
canilla

penico
pelela

lava-loiça
pileta

sanita
inodoro

retrete turca
letrina

bidé
bidé

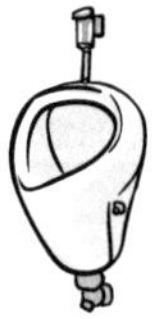

urinol
mingitorio

papel higiénico
papel higiénico

piaçaba
cepillo para el inodoro

escova de dentes

cepillo de dientes

pasta de dentes

dentífrico

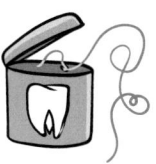

fio dentário

hilo dental

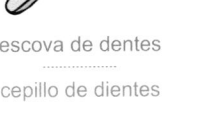

lavar

lavar

chuveiro de mão

ducha de mano

duche íntimo

ducha higiénica

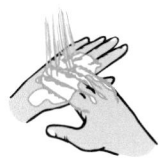

bacia

palangana

escova para as costas

cepillo para espalda

sabonete

jabón

gel de banho

gel de ducha

champô

shampoo

toalha de rosto

toallita

escoamento

desagüe

creme

crema

desodorizante

desodorante

espelho

espejo

espelho de mão

espejito

máquina de barbear

maquinita de afeitar

creme de barbear

espuma de afeitar

loção pós-barba

aftershave

pente

peine

escova

cepillo

secador de cabelo

secador de pelo

spray de cabelo

spray

maquilhagem

maquillaje

batom

lápiz de labios

verniz de unhas

esmalte para uñas

algodão

algodón

tesoura para unhas

tijera para uñas

perfume

perfume

nécessaire

portacosméticos

tamborete

banqueta

balança

balanza

roupão de banho

bata

luvas de borracha

guantes de goma

tampão

tampón

penso higiénico

toallita femenina

WC químico

baño químico

quarto de criança
cuarto de los chicos

despertador
despertador
peluche
peluche
carro de brincar
coche de juguete
chocalho
sonajero
casa de bonecas
casa de muñecas
presente
regalo

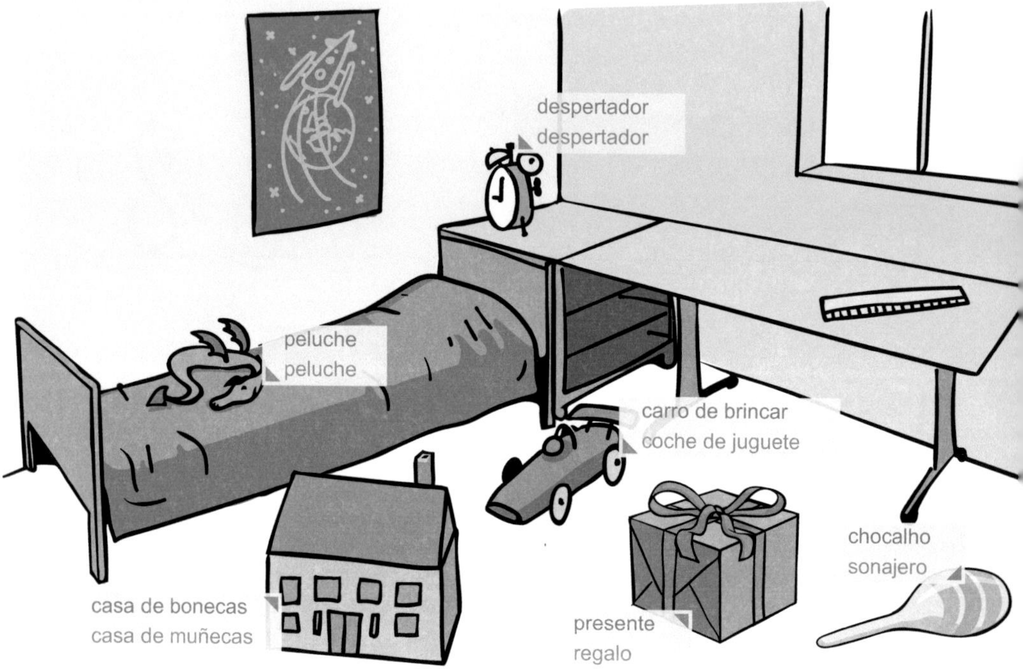

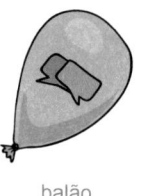

balão

globo

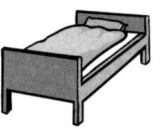

cama

cama

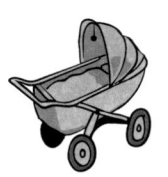

carrinho de bebé

cochecito

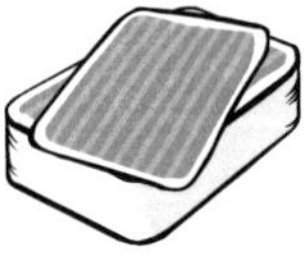

jogo de cartas

cartas

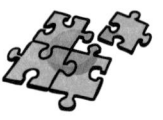

quebra-cabeças

rompecabezas

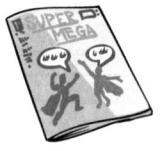

banda desenhada

historieta

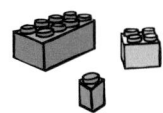

peças de Lego

piezas de lego

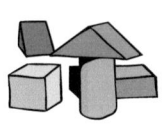

blocos de construção

ladrillos de juguete

figura de ação

figura de acción

fato de bebé

enterito (de bebé)

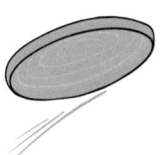

Frisbee

frisbee

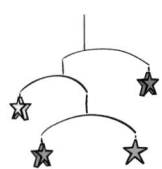

móbile para bebé

móvil para bebés

jogo de tabuleiro

juego de mesa

dados

dados

pista de comboio elétrico

tren eléctrico

chupeta

chupete

festa

fiesta

livro ilustrado

libro de cuentos ilustrado

bola

pelota

boneca

muñeca

jogar

jugar

caixa de areia

arenero

baloiço

hamaca

brinquedos

juguetes

consola de jogos

consola de videojuegos

triciclo

triciclo

ursinho de peluche

osito de peluche

guarda-roupa

armario

vestuário

ropa

meias

medias

meias pelo joelho

medias panty

meias-calças

calzas

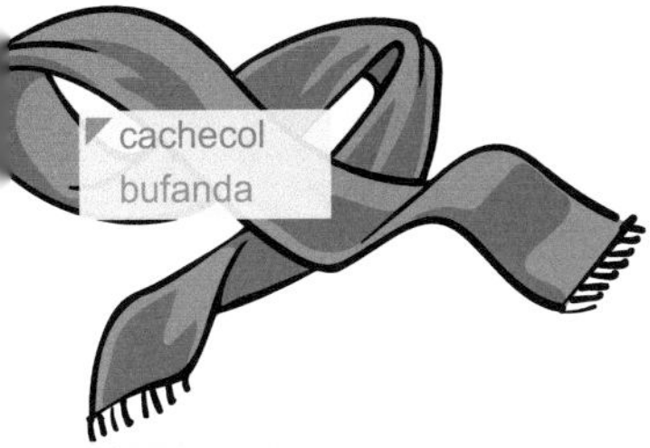

cachecol
bufanda

guarda-chuva
paraguas

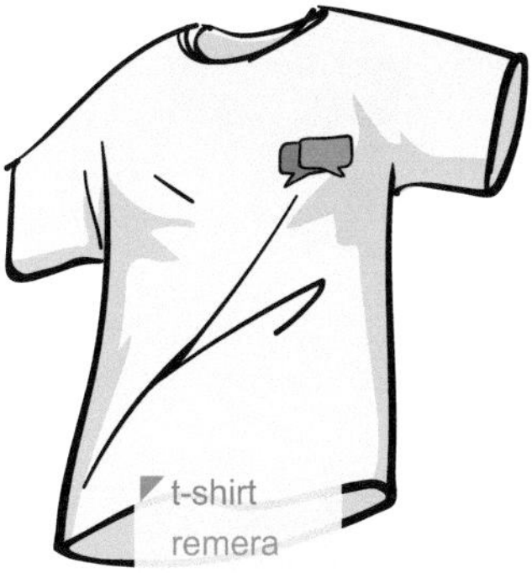

t-shirt
remera

cinto
cinturón

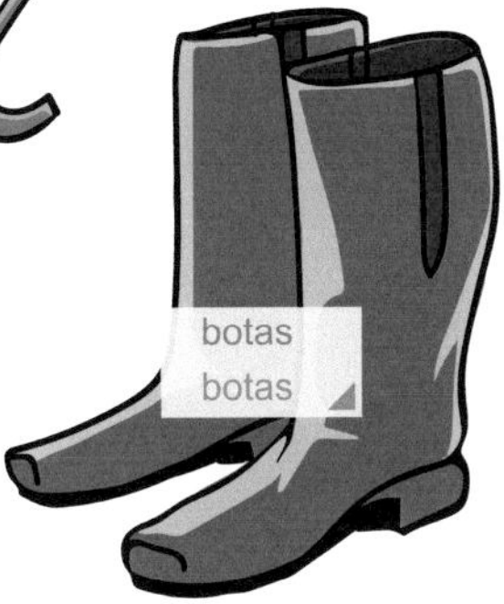

botas
botas

chinelos
pantuflas

sapatilhas
zapatillas

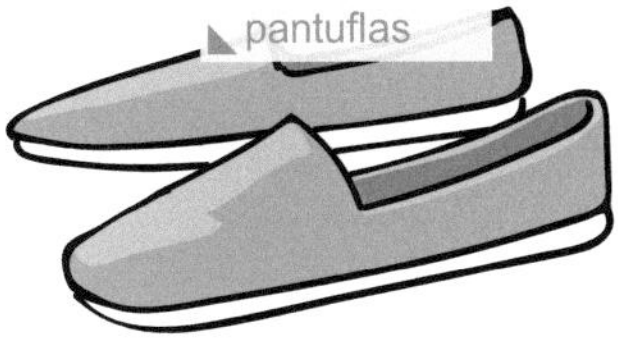

sandálias
sandalias

sapatos
zapatos

botas de borracha
botas de goma

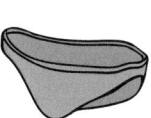

cuecas
ropa interior

sutiã
corpiño

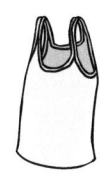

camisola interior
chaleco

body
body

calças
pantalones

calças de ganga
jeans

saia
pollera

blusa
blusa

camisa
camisa

pulôver
pulóver

camisola com capuz
buzo

blazer
blazer

casaco
campera

manto
tapado

gabardina
piloto

traje
traje

vestido
vestido

vestido de casamento
vestido de novia

fato
traje

camisa de dormir
camisón

pijama
pijama

sari
sari

lenço de cabeça
pañuelo para cabeza

turbante
turbante

burca
burka

cafetã
caftán

abaya
abaya

fato de banho
traje de baño

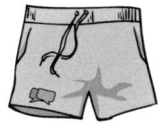

calções de banho
short de baño

calções
shorts

fato de treino
jogging

avental
delantal

luvas
guantes

botão

botón

óculos

anteojos

pulseira

pulsera

colar

collar

anel

anillo

brinco

aro

boné

gorra

cabide

percha

chapéu

sombrero

gravata

corbata

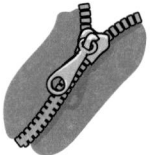

fecho de correr

cierre

capacete

casco

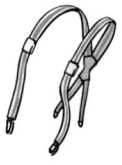

suspensórios

tiradores

uniforme escolar

uniforme escolar

uniforme

uniforme

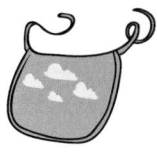

babete

babero

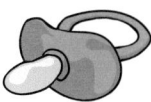

chupeta

chupete

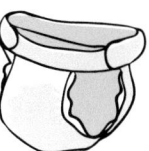

fralda

pañal

escritório

oficina

servidor
servidor
armário de arquivo
archivero
impressora
impresora
papel
papel
ecrã
monitor
rato
mouse
secretária
escritorio
pasta
carpeta
teclado
teclado
cesto de lixo
tacho (de basura)
computador
computadora
cadeira
silla

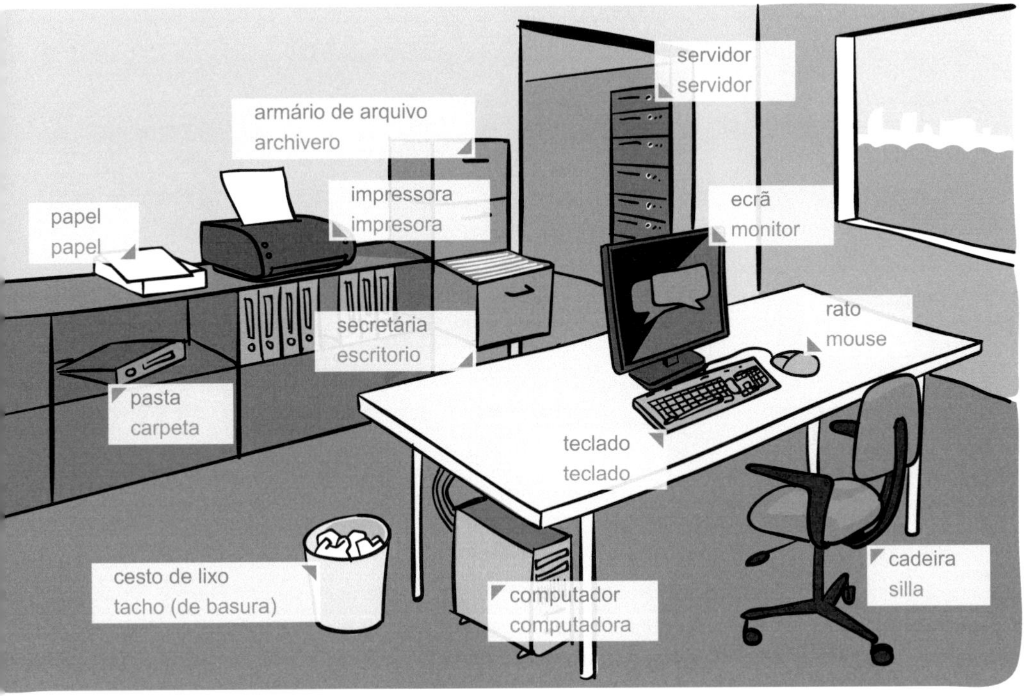

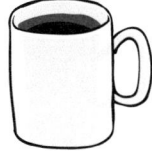

caneca de café

taza de café

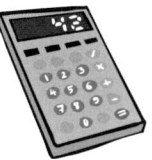

calculadora

calculadora

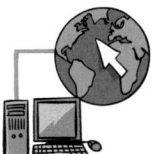

internet

internet

computador portátil

laptop

carta

carta

mensagem

mensaje

telemóvel

celular

rede

red

fotocopiadora

fotocopiadora

software

software

telefone

teléfono

tomada elétrica

tomacorriente

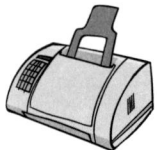

fax

fax

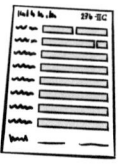

formulário

formulario

documento

documento

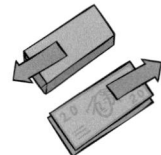

comprar
comprar

pagar
pagar

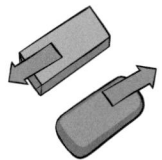

negociar
hacer negocios

dinheiro
dinero

USD

dólar
dólar

EUR

euro
euro

JPY

yen
yen

RUB

rublo
rublo

CHF

franco suíço
franco suizo

CNY

renminbi yuan
yuan

INR

rupia
rupia

caixa de multibanco
cajero automático

casa de câmbio

casa de cambio

ouro

oro

prata

plata

petróleo

petróleo

energia

energía

preço

precio

contrato

contrato

imposto

impuesto

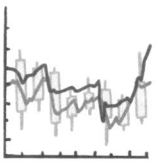

ação

acción

trabalhar

trabajar

empregado

empleado

entidade patronal

empleador

fábrica

fábrica

loja

negocio

profissões
ocupaciones

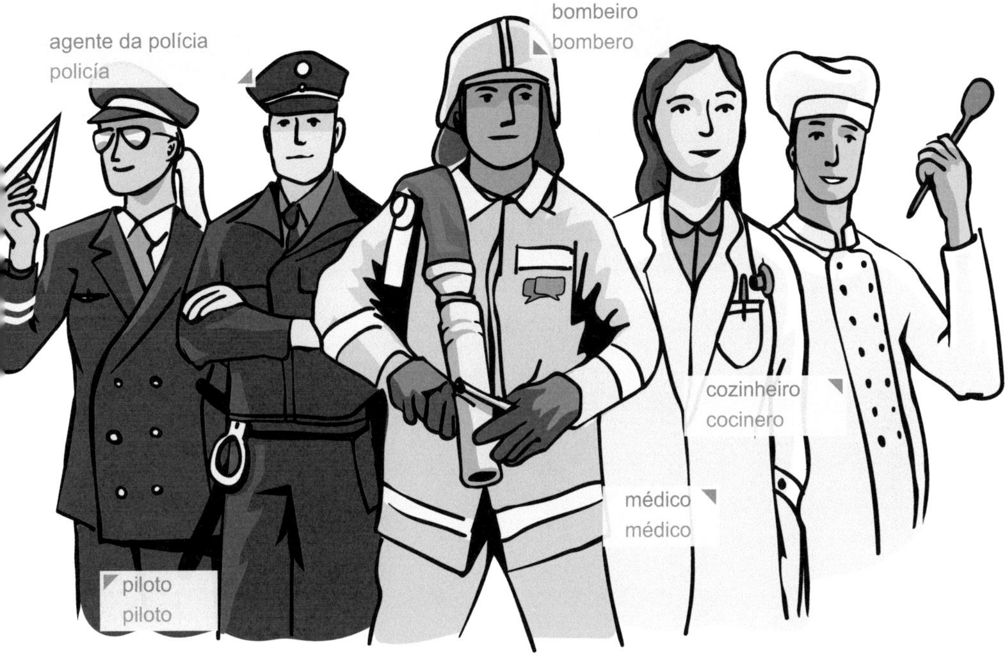
bombeiro
bombero
agente da polícia
policía
cozinheiro
cocinero
médico
médico
piloto
piloto

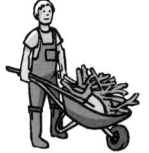

jardineiro

jardinero

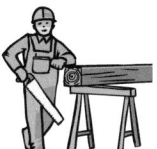

carpinteiro

carpintero

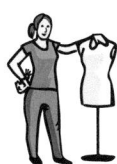

costureira

modista

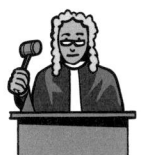

juiz

juez

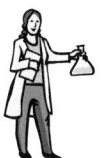

químico

farmacéutico

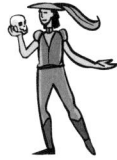

ator

actor

motorista de autocarro

colectivero

motorista de táxi

taxista

pescador

pescador

empregada de limpeza

mucama

telhador

techista

empregado de mesa

mozo

caçador

cazador

pintor

pintor

padeiro

panadero

eletricista

electricista

construtor

albañil

engenheiro

ingeniero

talhante

carnicero

canalizador

plomero

carteiro

cartero

soldado

soldado

arquiteto

arquitecto

caixa

cajero

florista

florista

cabeleireiro

peluquero

controlador de bilhetes

cobrador

mecânico

mecánico

capitão

capitán

dentista

dentista

cientista

científico

rabino

rabino

imã

imán

monge

monje

pastor

sacerdote

ferramentas
herramientas

martelo
martillo
alicate
tenaza
chave de fendas
destornillador
chave inglesa
llave
lanterna
linterna

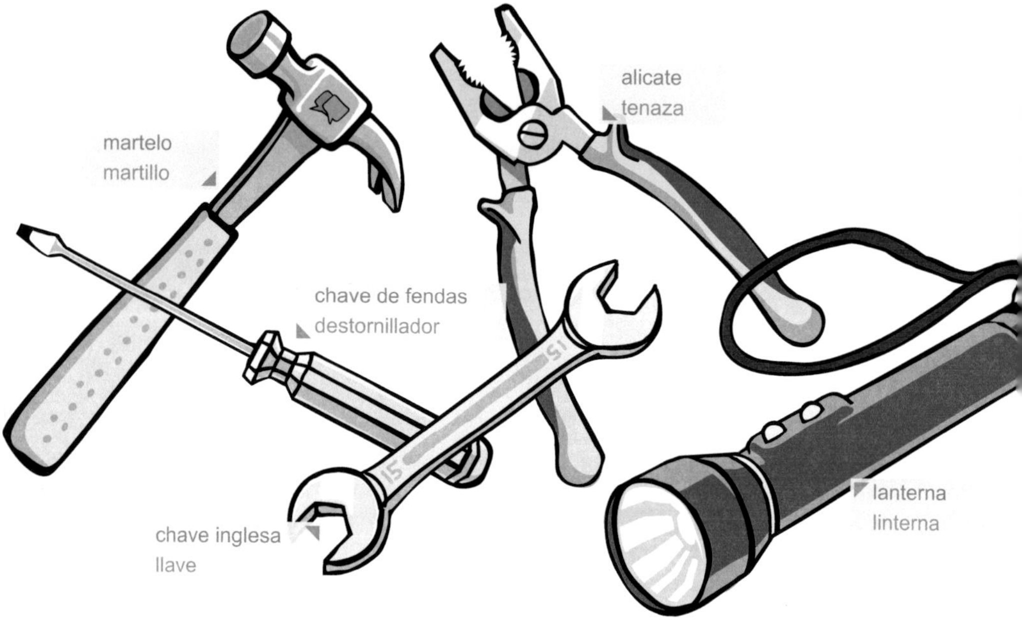

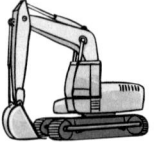

escavadora

excavadora

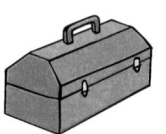

caixa de ferramentas

caja de herramientas

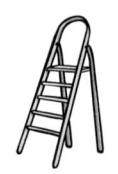

escadote

escalera portátil

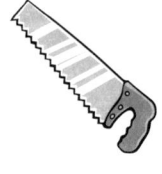

serra

sierra

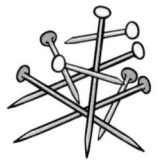

pregos

clavos

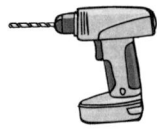

broca

taladro

reparar

arreglar

pá

pala de jardín

porcaria!

¡Qué bronca!

pá de lixo

pala de plástico

pote de tinta

tacho de pintura

parafusos

tornillos

instrumentos musicais
instrumentos musicales

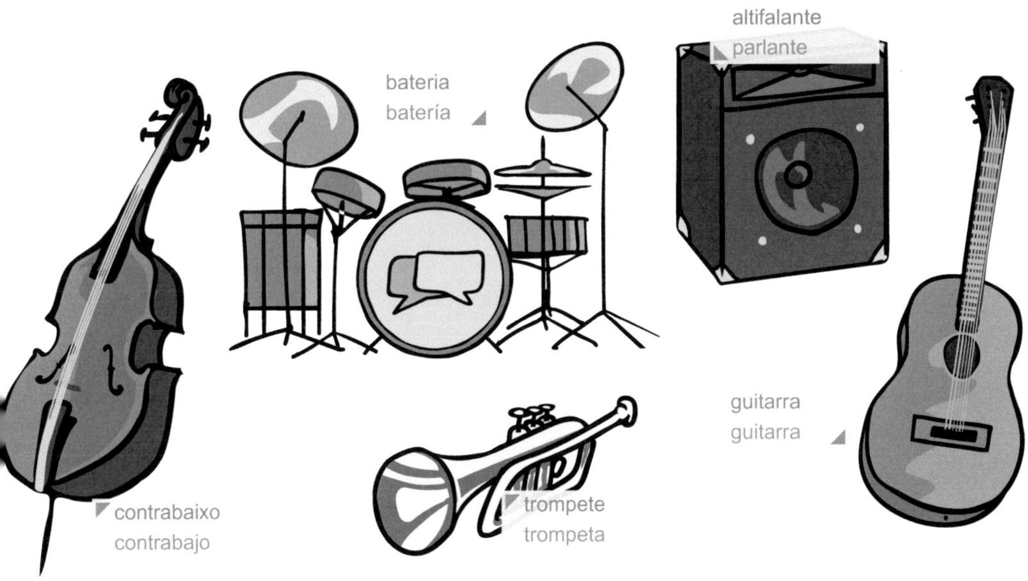

altifalante
parlante

bateria
batería

guitarra
guitarra

contrabaixo
contrabajo

trompete
trompeta

piano
piano

violino
violín

baixo
bajo

timbales
timbales

tambor
tambor

teclado
teclado

saxofone
saxofón

flauta
flauta

microfone
micrófono

jardim zoológico

zoológico

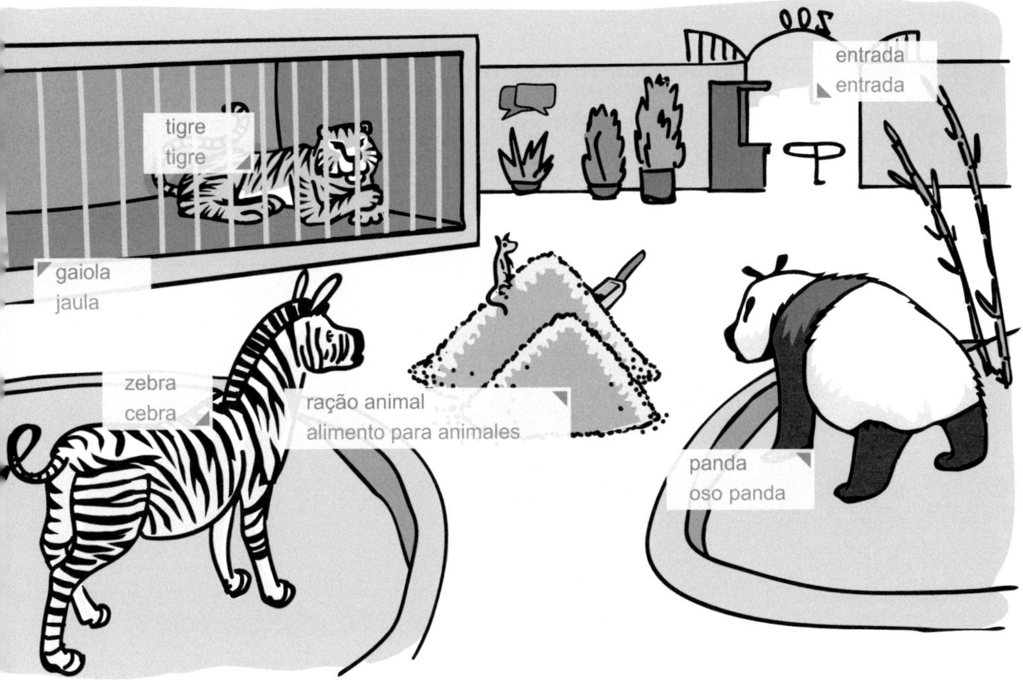
entrada
entrada
tigre
tigre
gaiola
jaula
zebra
cebra
ração animal
alimento para animales
panda
oso panda

animais
animales

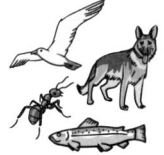

elefante
elefante

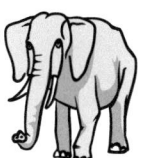

canguru
canguro

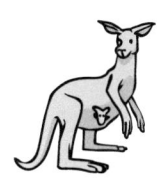

rinoceronte
rinoceronte

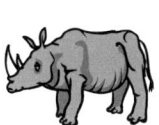

gorila
gorila

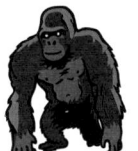

urso
oso

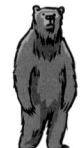

camelo

camello

avestruz

avestruz

leão

león

macaco

mono

flamingo

flamenco

papagaio

loro

urso polar

oso polar

pinguim

pingüino

tubarão

tiburón

pavão

pavo real

cobra

serpiente

crocodilo

cocodrilo

guarda do jardim zoológico

cuidador del zoológico

foca

foca

jaguar

jaguar

pónei

poni

leopardo

leopardo

hipopótamo

hipopótamo

girafa

jirafa

águia

águila

javali

jabalí

peixe

pescado

tartaruga

tortuga

morsa

morsa

raposa

zorro

gazela

gacela

futebol americano
fútbol americano

ciclismo
ciclismo

ténis
tenis

basquetebol
básquet

natação
natación

boxe
boxeo

hóquei no gelo
hockey sobre hielo

futebol
fútbol

badminton
bádminton

atletismo
atletismo

andebol
handball

esqui
esquí

polo
polo

atividades
actividades

rir
reír
saltar
saltar
abraçar
abrazar
andar
caminar
cantar
cantar
sonhar
soñar
rezar
rezar
beijar
besar

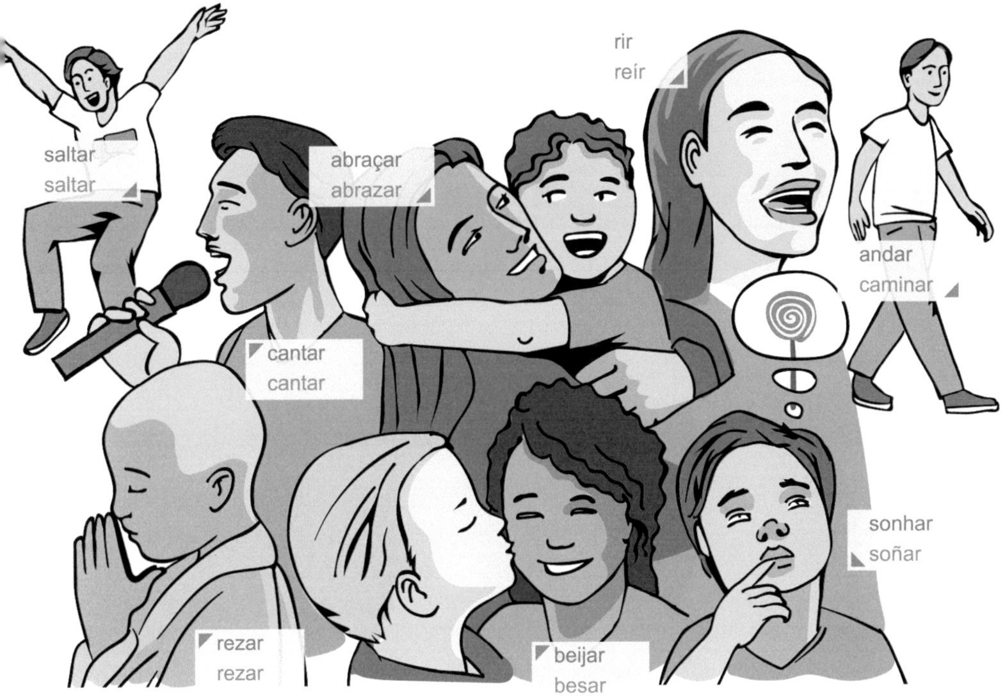

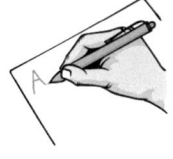

escrever
escribir

desenhar
dibujar

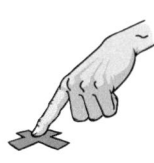

mostrar
mostrar

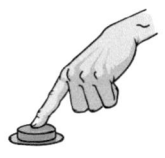

empurrar
presionar

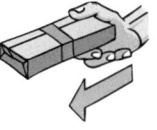

dar
dar

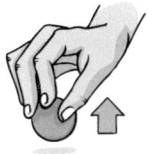

tomar
tomar

ter
tener

fazer
hacer

ser
ser

ficar de pé
estar parado

correr
correr

puxar
tirar

remessar
tirar

cair
caer

deitar
estar acostado

esperar
esperar

carregar
llevar

sentar
estar sentado

vestir
vestirse

dormir
dormir

acordar
despertar

olhar para

mirar

chorar

llorar

acariciar

acariciar

pentear

peinar

falar

hablar

compreender

entender

perguntar

preguntar

ouvir

escuchar

beber

beber

comer

comer

arrumar

ordenar

amar

amar

cozinhar

cocinar

conduzir

manejar

voar

volar

velejar

navegar

calcular

calcular

ler

leer

aprender

aprender

trabalhar

trabajar

casar

casarse

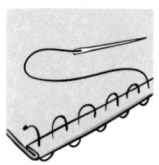

costurar

coser

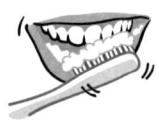

escovar os dentes

cepillarse los dientes

matar

matar

fumar

fumar

enviar

enviar

família
familia

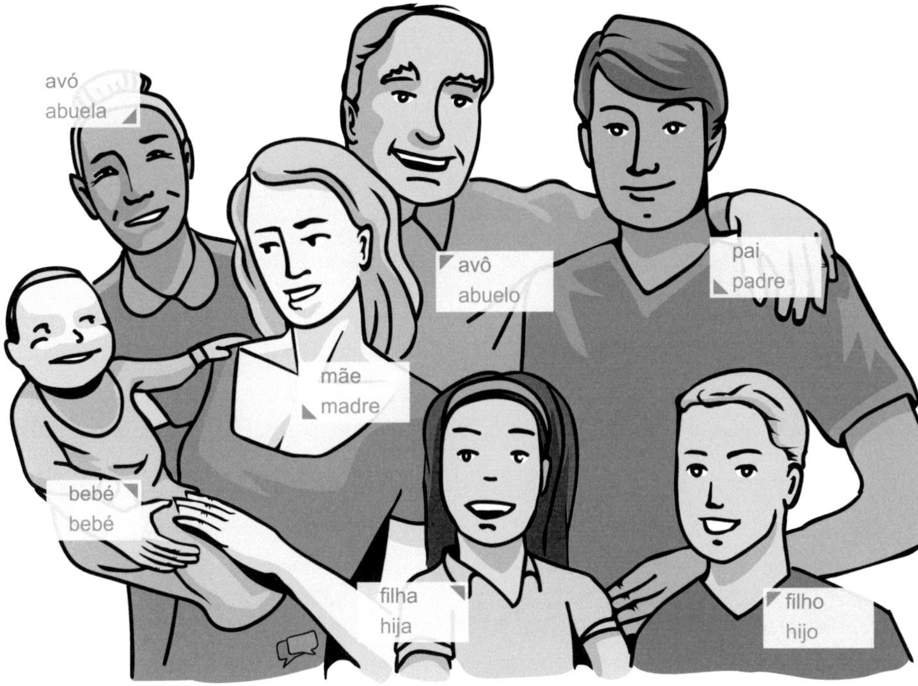

avó
abuela
avô
abuelo
pai
padre
mãe
madre
bebé
bebé
filha
hija
filho
hijo

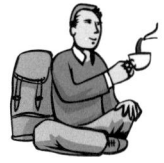

convidado

invitado

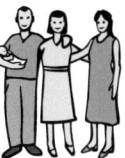

tia

tía

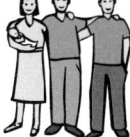

tio

tío

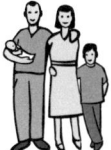

irmão

hermano

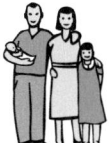

irmã

hermana

corpo

cuerpo

testa
frente
olho
ojo
ombro
hombro
dedo
dedo
cara
cara
queixo
pera
mão
mano
peito
pecho
perna
pierna
braço
brazo

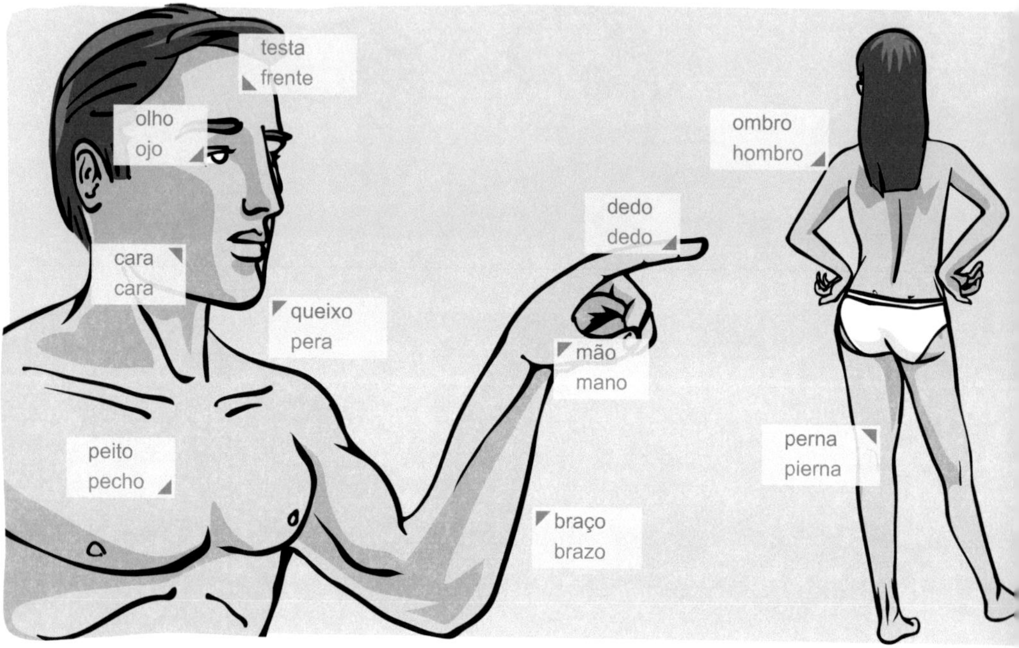

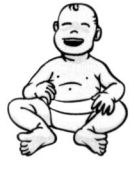

bebé
bebé

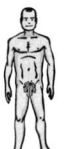

homem
hombre

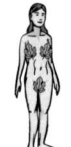

mulher
mujer

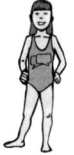

menina
nena

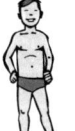

menino
nene

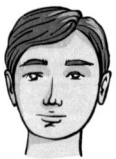

cabeça
cabeza

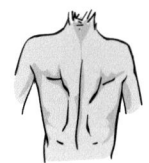

costas

espalda

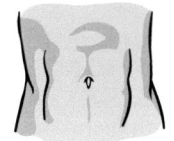

barriga

panza

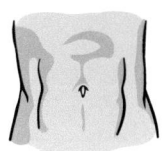

umbigo

ombligo

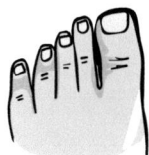

dedo do pé

dedo del pie

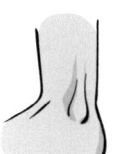

calcanhar

talón

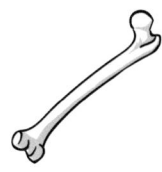

osso

hueso

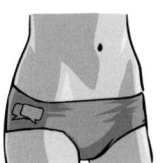

anca

cadera

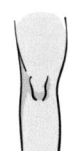

joelho

rodilla

cotovelo

codo

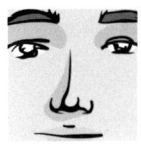

nariz

nariz

nádegas

cola

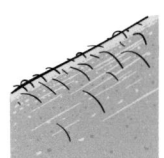

pele

piel

bochecha

cachete

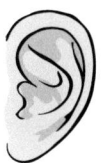

orelha

oreja

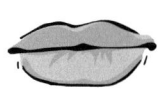

lábio

labio

boca

boca

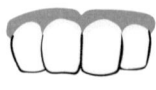

dente

diente

língua

lengua

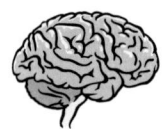

cérebro

cerebro

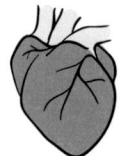

coração

corazón

músculo

músculo

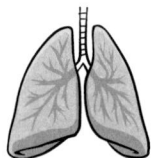

pulmão

pulmón

fígado

hígado

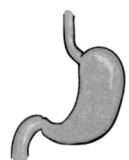

estômago

estómago

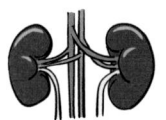

rins

riñones

relações sexuais

sexo

preservativo

preservativo

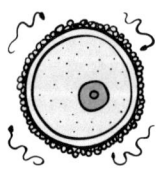

óvulo

óvulo

esperma

semen

gravidez

embarazo

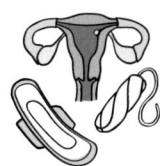

menstruação

menstruación

vagina

vagina

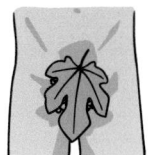

pénis

pene

sobrancelha

ceja

cabelo

pelo

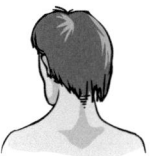

pescoço

cuello

hospital
hospital

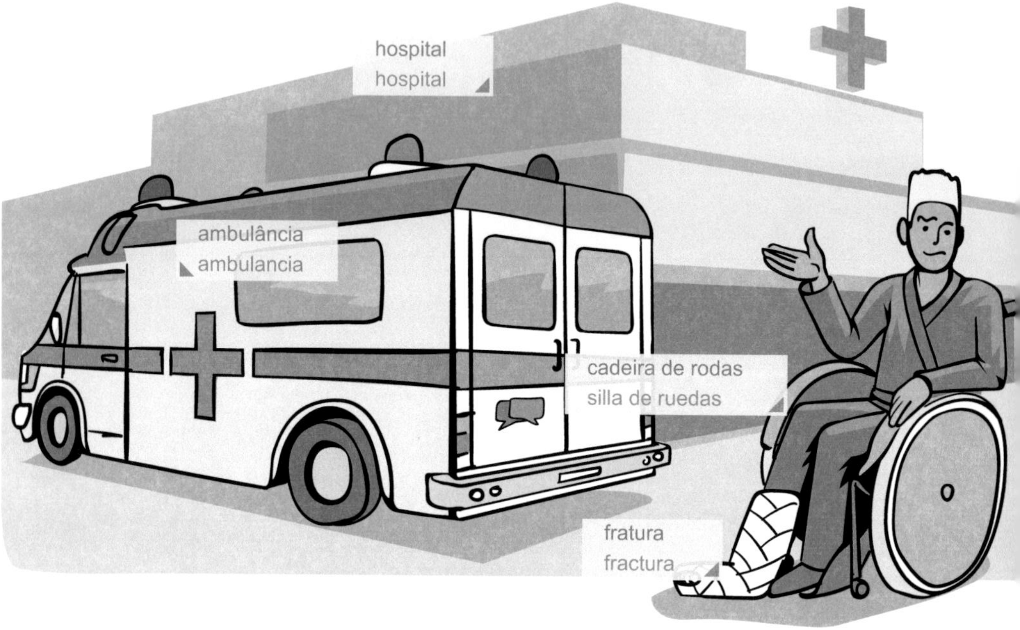

hospital
hospital
ambulância
ambulancia
cadeira de rodas
silla de ruedas
fratura
fractura

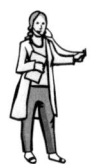

médico

médico

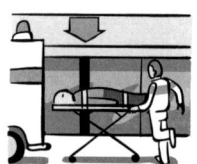

serviço de urgências

sala de guardia

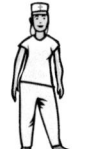

enfermeira

enfermera

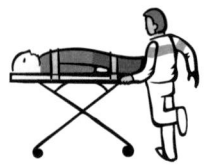

emergência

emergencia

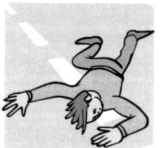

inconsciente

inconsciente

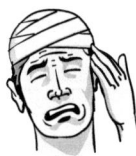

dor

dolor

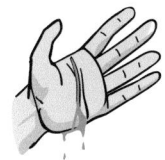

ferimento

lesión

hemorragia

hemorragia

ataque cardíaco

infarto

acidente vascular cerebral

ACV

alergia

alergia

tosse

tos

febre

fiebre

gripe

gripe

diarreia

diarrea

dor de cabeça

dolor de cabeza

cancro

cáncer

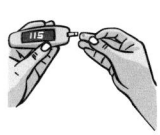

diabetes

diabetes

cirurgião

cirujano

bisturi

bisturí

operação

operación

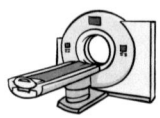

CT
TC

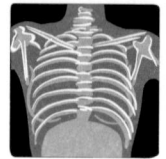

raio x
rayos x

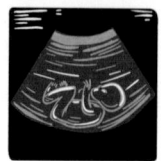

ultrassom
ecografía

máscara
barbijo

doença
enfermedad

sala de espera
sala de espera

muleta
muleta

penso rápido
curita

ligadura
venda

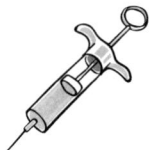

injeção
inyección

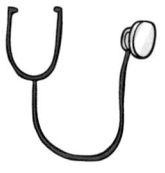

estetoscópio
estetoscopio

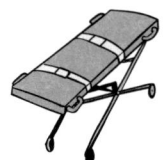

maca
camilla

termómetro
termómetro

nascimento
nacimiento

excesso de peso
sobrepeso

hospital - hospital

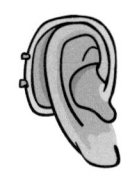

aparelho auditivo

audífono

desinfetante

desinfectante

infeção

infección

vírus

virus

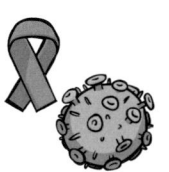

HIV / SIDA

VIH / SIDA

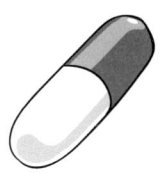

medicamento

remedio

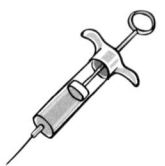

vacinação

vacunación

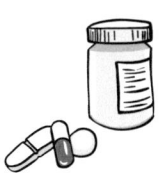

comprimidos

comprimidos

pílula

pastilla anticonceptiva

chamada de emergência

llamada de emergencia

dispositivo de medição de
pressão arterial

tensiómetro

doente / saudável

enfermo / sano

Socorro!

¡Ayuda!

alarme

alarma

assalto

agresión

ataque

ataque

perigo

peligro

saída de emergência

salida de emergencia

Fogo!

¡Fuego!

extintor de incêndios

matafuego

acidente

accidente

estojo de primeiros socorros

botiquín de primeros auxilios

SOS

SOS

polícia

policía

Europa
Europa

América do Norte
América del Norte

América do Sul
América del Sur

África
África

Ásia
Asia

Austrália
Australia

Atlântico
Atlántico

Pacífico
Pacífico

Oceano Índico
Océano Índico

Oceano Antártico
Océano Antártico

Oceano Ártico
Océano Ártico

Polo Norte
polo norte

Polo Sul

polo sur

Antártica

Antártida

terra

Tierra

país

tierra

mar

mar

ilha

isla

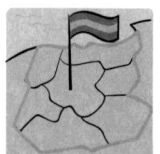

nação

nación

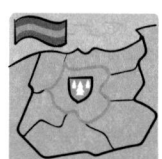

estado

estado

mostrador do relógio

esfera

ponteiro das horas

manecilla de las horas

ponteiro dos minutos

minutero

ponteiro dos segundos

segundero

Que horas são?

¿Qué hora es?

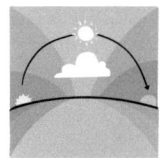

dia

día

tempo

hora

agora

ahora

relógio digital

reloj digital

minuto

minuto

hora

hora

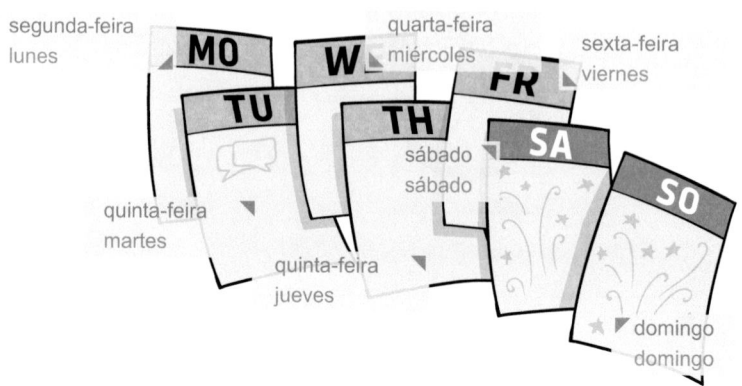

segunda-feira
lunes

quarta-feira
miércoles

sexta-feira
viernes

sábado
sábado

quinta-feira
martes

quinta-feira
jueves

domingo
domingo

ontem

ayer

hoje

hoy

amanhã

mañana

manhã

mañana

meio-dia

mediodía

entardecer

tarde

dias úteis

días hábiles

fim de semana

fin de semana

ano

año

arco-íris
arco iris
chuva
lluvia
neve
nieve
vento
viento
primavera
primavera
outono
otoño
verão
verano
inverno
invierno

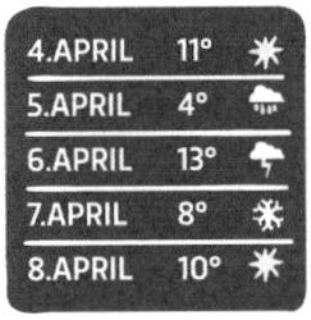

4.APRIL 11°
5.APRIL 4°
6.APRIL 13°
7.APRIL 8°
8.APRIL 10°

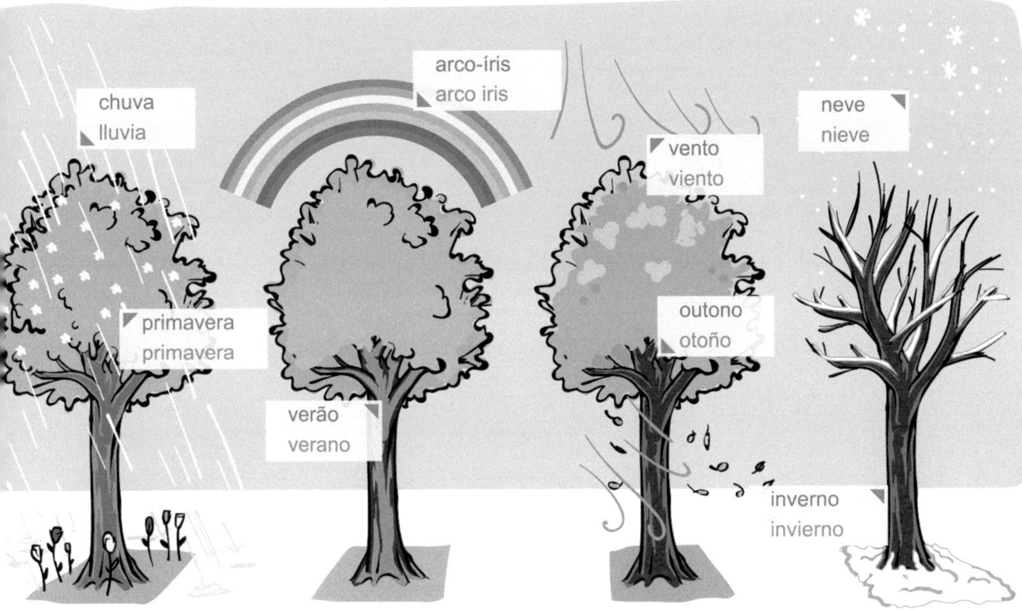

previsão do tempo

pronóstico meteorológico

F C
120 40
90 30
60 20
30 10
0 0
-30 -10
-20

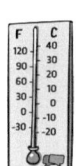

termómetro

termómetro

raios de sol

luz del sol

nuvem

nube

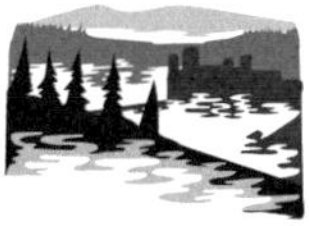

neblina / nevoeiro

niebla

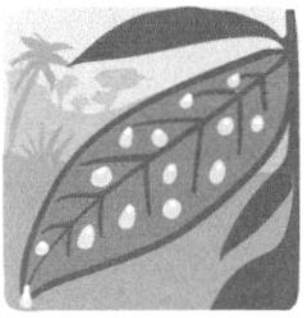

humidade do ar

humedad

relâmpago

rayo

trovão

trueno

tempestade

tormenta

granizo

granizo

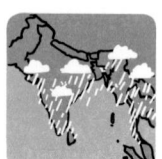

monção

monzón

inundação

inundación

gelo

hielo

janeiro

enero

fevereiro

febrero

março

marzo

abril

abril

maio

mayo

junho

junio

julho

julio

agosto

agosto

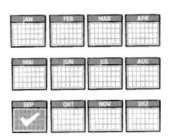

setembro
....
septiembre

outubro
....
octubre

novembro
....
noviembre

dezembro
....
diciembre

formas

formas

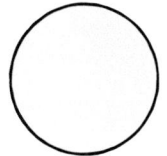

círculo
....
círculo

quadrado
....
cuadrado

retângulo
....
rectángulo

triângulo
....
triángulo

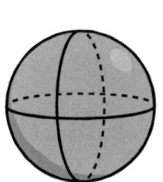

esfera
....
esfera

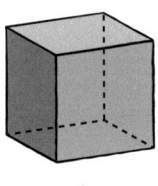

cubo
....
cubo

branco

blanco

amarelo

amarillo

laranja

naranja

rosa

rosa

vermelho

rojo

lilás

violeta

azul

azul

verde

verde

castanho

marrón

cinzento

gris

preto

negro

muito / pouco

mucho / poco

furioso / calmo

enojado / tranquilo

lindo / feio

lindo / feo

princípio / fim

principio / fin

grande / pequeno

grande / chico

claro / escuro

claro / oscuro

irmão / irmã

hermano / hermana

limpo / sujo

limpio / sucio

completo / incompleto

completo / incompleto

dia / noite

día / noche

morto / vivo

muerto / vivo

largo / estreito

ancho / angosto

comestível / não comestível

comestible / no comestible

mau / gentil

malo / amable

entusiasmado / entediado

entusiasmado / aburrido

gordo / magro

gordo / flaco

primeiro / último

primero / último

amigo / inimigo

amigo / enemigo

cheio / vazio

lleno / vacío

duro / macio

duro / blando

pesado / leve

pesado / liviano

fome / sede

hambre / sed

doente / saudável

enfermo / sano

ilegal / legal

ilegal / legal

inteligente / burro

inteligente / estúpido

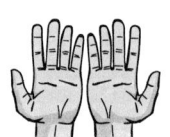

esquerda / direita

izquierda / derecha

perto / longe

cerca / lejos

novo / usado
nuevo / usado

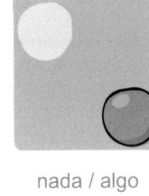

nada / algo
nada / algo

velho / jovem
viejo / joven

ligado / desligado
encendido / apagado

aberto / fechado
abierto / cerrado

baixo / alto
silencioso / ruidoso

rico / pobre
rico / pobre

certo / errado
correcto / incorrecto

áspero / liso
áspero / suave

triste / feliz
triste / contento

curto / longo
corto / largo

lento / rápido
lento / rápido

molhado / seco
mojado / seco

ameno / fresco
caliente / frío

guerra / paz
guerra / paz

0
zero

cero

1
um

uno

2
dois

dos

3
três

tres

4
quatro

cuatro

5
cinco

cinco

6
seis

seis

7
sete

siete

8
oito

ocho

9
nove

nueve

10
dez

diez

11
onze

once

12
doze

doce

13
treze

trece

14
catorze

catorce

15
quinze

quince

16
dezasseis

dieciséis

17
dezassete

diecisiete

18
dezoito

dieciocho

19
dezanove

diecinueve

20
vinte

veinte

100
cem

cien

1.000
mil

mil

1.000.000
milhão

millón

inglês

inglés

inglês americano

inglés americano

chinês mandarim

chino mandarín

hindi

hindi

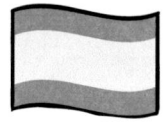

espanhol

español

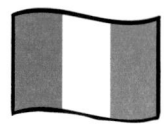

francês

francés

árabe

árabe

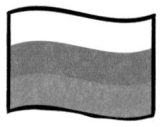

russo

ruso

português

portugués

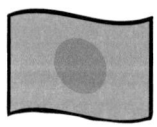

bengalês

bengalí

alemão

alemán

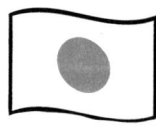

japonês

japonés

eu

yo

tu

vos

ele / ela

él / ella

nós

nosotros

vós

ustedes

eles / elas

ellos

quem?

¿quién?

o quê?

¿qué?

como?

¿cómo?

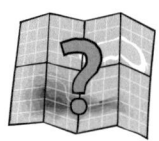

onde?

¿dónde?

quando?

¿cuándo?

HELLO, I AM

nome

nombre

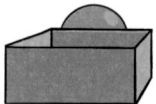

atrás

detrás

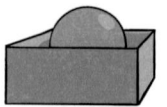

em

en

à frente de

adelante de

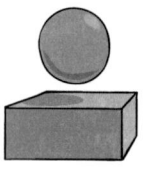

sobre

por encima de

em cima

sobre

debaixo

debajo de

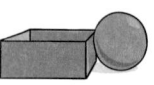

ao lado

al lado de

entre

entre

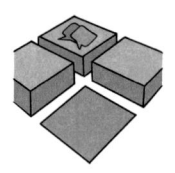

lugar

lugar